Leesp[illegible]

Nederlands lezen voor anderstaligen

Als broer en zus

intertaal

LeespuntNL

Nederlands lezen voor anderstaligen

Serie Hoogspanning

Als broer en zus

door
René Appel

bewerking naar B1-niveau
Marian Hoefnagel

redactie
Mathilde Kroon
Nynke Scholtens

grafische vormgeving
Jaap de Bruin (ontwerp omslag en lay-out)

ISBN 978 94 6030 3913

3e druk 2018

1.

Dit is gebeurd

Het lijkt alsof ze bang voor hem is.
Ze gaat ver weg zitten, tegen de deur van de auto aan.
Bang, voor hèm? Hoe kan dat?
'Ik weet het niet meer', zegt ze zachtjes.
Haar mooie, blonde krullen hangen voor haar gezicht.
Ze kijkt hem bang aan, met tranen in haar ogen.
'Wat weet je niet meer?'
'Alles, niks ... ik weet niks meer. Het is gewoon chaos, in mijn hoofd, in mijn leven.
Ik moet weg. Weg!'
Het laatste woord klinkt als een schreeuw.

Hij pakt een sigaret. 'Jij ook?'
Ze schudt[1] haar hoofd.
'Wat wil je dan?'
'Weg', zegt ze alleen.
'Maar we kunnen toch samen ...' begint hij.
'Nee, niet samen.' Het klinkt definitief.

Hij gooit zijn sigaret door het autoraampje naar buiten.
Het regent een beetje. Er is niemand hier.
Zijn auto staat alleen op de parkeerplaats. Iedereen zit thuis, of in een café, of in een restaurant, met vrienden of met familie. Met dit weer gaat niemand in de duinen wandelen.

---

[1] **schudden** heen en weer bewegen met je hoofd: nee zeggen

Zijn handen houden het stuur stevig vast. Die handen willen iets anders.
Maar hij moet controle houden over die handen.

'Waarom niet? Waarom niet samen? We kunnen het fantastisch hebben, met z'n tweeën.'
'Nee, het is niet goed. Het kan niet.'
Ze kijkt hem aan.
Haar ogen, o verdomme[2], haar ogen!
'Het is wél goed', zegt hij. 'Dat weet ik gewoon. Ik voel het. Het is ...'
Hij zoekt naar woorden.
Het zit in zijn hoofd, maar hij kan de goede woorden niet vinden.
'Shit[3]', zegt hij, terwijl hij met zijn hand op het stuur slaat[4].

'Kan je me naar het station brengen?' vraagt ze.
Hij reageert niet.
'Ik wil naar het station.'
Haar stem klinkt anders.
'Dan loop ik wel.'
Ze wil haar deur open maken. Maar hij doet de deuren op slot.
'Ik kan je niet laten gaan.'
'Doe niet zo gek. Je lijkt wel een stomme puber[5].'
'Nee.' Hij pakt haar arm en trekt haar naar zich toe.

2 **verdomme** lelijk woord; betekent zoiets als shit, maar is sterker
3 **shit** Engels scheldwoord; wordt in Nederland veel gebruikt, maar heeft daar een zwakkere betekenis
4 **slaan** hard met je hand tegen iets aan gaan
5 **puber** kind van 12-15 jaar

'We kunnen het goed hebben samen, dat weet ik.'
'Hou op, laat me los!'
Hij pakt haar nog steviger vast.
'Waarom moet je naar het station?'
'Een afspraak.'
'Met wie?' vraagt hij fel.
'Dat hoef je niet te weten. Het is mijn leven. Ik doe wat ik wil.'
'Dat moet ik wel weten. We hebben toch iets samen?'
'Dat is geweest. Dat is verleden tijd.'
Ze probeert haar arm terug te trekken, maar hij houdt haar vast.
'Au, je doet me pijn!'
Hij vloekt[6] hard.
Zíj heeft pijn? Híj heeft pijn! In zijn hoofd, in zijn hele lichaam.
'Met wie heb je een afspraak?'
'Dat zeg ik niet. Ik hoef jou niet te vertellen wat ik doe.'
'Heb je een ander?' vraagt hij.
Ze wacht even, maar dan knikt[7] ze.

Hij kan haar niet naar het station brengen. Dan gaat ze weg. Dan ziet hij haar nooit meer.
Hij trekt haar naar zich toe en kust haar op haar mond.
Ze houdt haar lippen op elkaar.
Hij kent haar lichaam, haar borsten, haar huid.
Dat kan toch niet ineens[8] afgelopen zijn?

---

[6] **vloeken** lelijke woorden zeggen
[7] **knikken** hoofd op en neer bewegen: ja zeggen
[8] **ineens** plotseling

Ze probeert hem weg te duwen[9], maar hij laat haar niet los.
'Laat me los, verdomme', roept ze. 'Ik wil dit niet meer, nooit meer.'
Ze probeert de deur weer open te maken.
'Wie is het?' vraagt hij. 'Wie is die ander?'
'Niemand.'
Hij probeert na te denken. Hij moet met haar praten.
'Ik kan ...' Hij zoekt naar woorden. 'Ik kan je niet laten gaan. Wij hebben samen ...'
'Wij? Samen?' Ze lacht hard.

Dit is te veel. Ze lacht alles weg. Hun leven, hun toekomst.
Zijn handen zijn sterk. Al zijn kracht, al zijn woede gaat nu naar die handen.
Ze schreeuwt, ze gilt.
Maar ze moet stil zijn, ze moet naar hem luisteren.
Haar hoofd slaat hard tegen het dashboard[10].
'Je gaat niet weg', zegt hij. 'Je blijft bij mij.'

---

[9] **duwen** een duw, een zet geven
[10] **dashboard** Engels woord dat in het Nederlands gebruikt wordt: deel van de auto bij het stuur

2.

Een maand voor de gebeurtenis

Zaterdagavond

Sylvia kijkt even om zich heen. Dan gooit ze de bal.
Ze is vanavond nog mooier dan anders.
Ze heeft een lichtblauwe spijkerbroek aan, die strak om haar billen zit.
Daarboven een kort topje.
Een stuk van haar buik en rug is bloot.
De bal rolt naast de baan.
Sylvia kijkt verbaasd en doet dan haar handen omhoog.
Het lijkt wel alsof ze dat speciaal voor hem doet.
Haar borsten kan hij nu nog beter zien.

Toen hij met Marja binnenkwam, zat Sylvia aan de bar.
Met Lex.
Fred zucht.
Lex is een aardige jongen. Ze kennen elkaar al jaren.
Ze zijn neven, vrienden, zaten bij elkaar in de klas.
Lex en Fred, Fred en Lex.
Samen op school, samen een paar keer iets gestolen uit een winkel.
Lex was een keer gepakt. Hij was op tijd uit de winkel gerend.
Maar toch was hij naar de politie gegaan, om te zeggen dat hij ook in die winkel was.
Lex en Fred. Vrienden.
Lex is nu een gewone man. Hij werkt bij de BCC als verkoper.

Hij weet alles van elektrische tandenborstels en wasmachines.
Heeft een huisje gekocht in een aardige buurt.
En is met Sylvia.

Lex komt aanlopen met bier en witte wijn.
'Ik heb een tafel gereserveerd', zegt hij.
'Maar we kunnen toch wel eens in een ander restaurant eten?' vraagt Sylvia.
'Waarom?' vraagt Lex.
Sylvia haalt haar schouders op.
Bowlen, hier eten, dan iets drinken.
Ze neemt een slok[1] van haar wijn en doet haar ogen dicht.
Ze weet al precies hoe de avond zal gaan.
Iets drinken bij Fred en Marja en dan naar huis.
Thuis zal Lex met de hond gaan wandelen.
Dan zal hij in bed komen en bovenop haar gaan liggen.

Lex doet zijn arm om Sylvia heen en zoent haar op haar wang.
'De vorige keer had je zalm', zegt hij. 'Dat vond je hartstikke lekker.'
Ze drinkt haar glas leeg en houdt het omhoog, naar Lex.
'Ik heb nog', zegt Lex. 'Drink jij niet een beetje ...?'
Ze kijkt hem aan en hij praat niet verder.
'Ik haal wel', zegt Fred. 'Voor iedereen hetzelfde?'
'Ik wacht nog even', zegt Lex.
Zonder verdere discussie gaan ze aan tafel.

---

[1] **slok** hoeveelheid drank die je in één keer drinkt

Sylvia staat in het toilet en kijkt in de spiegel.
'Dag Sylvia', zegt ze, 'dag schat.'
Alles draait een beetje.
Maar toch gaat ze nog meer drinken. Om op dit niveau te blijven.
Zo voelt ze zich prettig:
ze weet precies wat er gebeurt, maar het raakt haar niet.
Ze maakt haar handen nat en legt ze in haar nek.

In het smalle gangetje naar het toilet staat Fred. Het lijkt alsof hij staat te wachten.
'Is er iets?' vraagt Sylvia.
'Ik sta hier gewoon.'
'Dat zie ik.'
Ze kan hem ruiken: zweet, drank, sigaretten en iets anders.
Zijn garage.
Lex ruikt naar nieuwe koelkasten en wasmachines. Naar niks dus.
Hij kijkt diep in haar ogen.
'Jij wou naar een ander restaurant, hè?'
Zijn ogen gaan naar beneden, naar haar borsten.
'Misschien. En jij?'
'Dit restaurant kennen we nou wel.'
'Absoluut.'
'Jij wilt nieuwe dingen proberen?' vraagt hij.
Ze reageert niet.
'Avontuurlijke dingen doen?'
Zo hebben ze nog nooit gepraat. En ze kent hem nu meer dan vijf jaar.
Hij was al getrouwd met Marja, toen ze hem en Lex ontmoette. In een café.

Als Fred toen niet getrouwd was …
Spannende dingen, ja die doet híj wel.
Een half jaar geleden was hij ineens weg. Drie weken later kwam hij weer terug.
Niemand weet waar hij toen was. Ook Lex niet.
'Ja, dat lijkt me wel wat', zegt ze.

Zaterdagnacht

Fred betaalt de oppas en Marja loopt naar boven.
Kelly ligt in haar bedje te slapen, haar mondje een stukje open.
Marja blijft kijken. Ze vindt het heerlijk om naar Kelly te kijken.
Maar ze heeft visite: Sylvia en Lex.
Ze gaat naar de keuken om stukjes kaas en worst te snijden.

Midden in de nacht wordt Marja wakker. Kelly huilt.
'Fred … Fred … Kelly, ze huilt weer.'
Hij reageert niet.
Kelly gaat harder huilen. Het is verschrikkelijk, een kindje met zoveel verdriet.
Marja kijkt op de wekker, tien over drie.
Het huilen klinkt nu wanhopig[1]. Ze loopt naar Kelly's kamertje.
'Ach lieve schat, moet je zo huilen?'
Ze pakt haar dochtertje uit het bedje.
'Mama moet blijven', snikt Kelly. 'Bij Telly.'
De k is nog steeds een moeilijke letter voor haar.
Ze zingt een paar liedjes voor Kelly.
Maar als Marja haar in bed wil leggen, begint ze weer te huilen.
Ze wil Kelly bij zich in bed nemen. Haar armen om het kindje heen.
Ze wil ook Fred in haar armen nemen. Hem zoenen, vasthouden.

---

[1] **wanhopig** niet meer weten wat je moet doen

Zodat hij nooit meer weg kan gaan.

De slaapkamer is al donker. Lex gaat naast Sylvia in bed liggen.
Hij legt een hand op haar bovenbeen. 'Syl?'
'Ik wil slapen', zegt ze.
Zijn hand gaat naar haar borsten. Ze draait zich om, met haar rug naar hem toe.
Hij legt zijn hand op haar billen.
'Niet doen, ik slaap al.'
Hij gaat tegen haar aan liggen en probeert bij haar naar binnen te gaan.
'Verdomme.' Ze gaat zitten. 'Ben je doof[2] ofzo?'

[2] **doof** niet kunnen horen

Maandag

Lex
Tot elf uur was hij thuis. Hij heeft brood gehaald, met de hond.
Sylvia kwam pas om tien uur uit bed. Er zijn dagen dat ze helemaal niets doet.
Ze ligt in bed, kijkt tv, gaat de stad in.
Vroeger werkte ze, als telefoniste[1], drie dagen in de week.
Maar een paar maanden geleden bleef ze ineens thuis.
'Ik ga daar dood', zei ze. 'Momentje alstublieft ... nee meneer is in gesprek ... Bah!'

Om één uur gaat de winkel open.
Een jongen en een meisje willen een koelkast.
'We gaan samenwonen', zegt het meisje. De jongen knikt enthousiast.
'Leuk', zegt Lex. 'En een goede koelkast kan je altijd gebruiken.'
Sylvia en hij hebben een paar maanden samengewoond.
Toen zijn ze getrouwd.
Sylvia vond dat niet nodig, trouwen. Maar hij wilde het wel, voor zijn ouders.
Hij laat de jongen en het meisje vijf koelkasten zien.
Met drie boekjes over koelkasten gaan ze weg.
Hij weet nu al dat ze niet terugkomen.

Om drie uur drinkt hij thee in het kleine kamertje, achter de winkel.

---

1 **telefoniste** vrouw die de telefoon beantwoordt

Yvonne komt bij hem zitten.
Ze woont nog bij haar ouders, maar wil een kamer huren.
Misschien een klein appartementje, een flatje. Ze droomt over de inrichting: veel kussens[2], rode gordijnen, een beetje Aziatische sfeer.
Als Yvonne even weg is om thee te halen, belt hij naar huis. Geen antwoord.
Hij toetst het nummer van Sylvia's gsm en krijgt meteen de voicemail.
Dan is Yvonne weer terug met de thee.
'Is er iets?' vraagt ze.
'Hoezo?'
'Ik weet het niet. Het lijkt alsof je bang bent.'
Hij lacht. 'Ik bang? Waarvoor?'

[2] **kussen** zachte zak om op te liggen

Fred
'Kijk, zo draai je de kilometerteller[1] terug', zegt hij.
'Met dit computerprogramma.'
Jimmy knikt. Hij is een snelle leerling.
'Niet te ver terugdraaien', zegt hij. 'De mensen moeten niet denken: hoe kan dat nou? Zo'n oude auto en zo weinig kilometers gereden.'
'Oké.'
'Ik moet nou weg. Ik moet naar een auto kijken, bij Van Grienten.'
Hij stapt in zijn Cherokee Jeep en rijdt hard weg, de stad in.

Op het fietspad langs de Singel ziet hij haar staan. Sylvia.
Hij rijdt zijn auto half op de stoep[2].
Ze kijkt boos, maar dat maakt haar nog mooier.
'Wat is er?' vraagt hij.
'Lekke band.' Sylvia laat haar fiets los. Die valt op de weg.
'Waar wil je naartoe?'
'Nergens.'
Hij trekt de fiets naar de kant en duwt Sylvia de stoep op.
'Zal ik je daar naartoe brengen?' vraagt hij. 'Naar nergens?'
Hij ziet dat ze niet meer boos is.
'Ach, ik fietste gewoon een beetje. Straks ga ik weer naar huis.'
'Ik gooi je fiets achter in de auto. Dan breng ik je naar huis. Oké?'
Ze knikt en loopt naar de auto.

---

1 **kilometerteller** apparaat in een auto, dat het aantal gereden kilometers aangeeft
2 **stoep** weg om op te lopen

Hij rijdt niet meteen weg, maar kijkt naar haar gezicht.
Ze kijkt recht vooruit.
'Waarom kijk je naar me?', zegt ze plotseling.
'Mag dat dan niet?'
Ze geeft geen antwoord en pakt een sigaret uit het pakje op het dashboard.
Hij start de auto.
'Ik zal je naar huis brengen. Dan kan Lex die band plakken.'
'Ja, dat kan Lex heel goed, banden plakken.'
Ze lacht. 'Ik wil nog niet naar huis.'
'Waar wil je dan naartoe?'
'Naar het strand ... naar de duinen ... weg van de huizen, van de mensen.'
'Dan moet ik even bellen.'
Hij zet de auto langs de kant.
'Ja, meneer Van Grienten, ik kan vandaag niet bij u langskomen. Het gaat niet lukken. Morgen, zelfde tijd, oké?'

Marja
Vanmorgen heeft ze gewerkt, toen Kelly naar de kinderopvang was.
Nu ligt Kelly boven te slapen. 's Middags huilt ze nooit. Misschien omdat het dan licht is.
Ze stofzuigt en geeft de planten water. Ze kijkt even tv en haalt dan Kelly uit haar bedje.
Ze gaat weer naar haar eigen supermarkt.
Het is vreemd om hier 's morgens achter de kassa te zitten en 's middags klant te zijn.
Ze groet een paar collega's en pakt de boodschappen.
Dan staat ze weer buiten.
Ze gaat niet meteen naar huis, maar loopt naar de binnenstad. Ze heeft daar een leuke jurk gezien.
Ineens wordt de lucht zwart en vallen dikke regendruppels naar beneden.
'Mama, mama!' huilt Kelly.
Ze gaat gauw de eerste winkel binnen, die ze ziet. Het is de winkel waar Lex werkt.
Lex is bezig met een klant.

Soms wil zij dat ook: een man met een gewoon beroep.
Niet de verrassingen van de zaak van Fred.
Ze weet nooit waar hij is. De ene maand verdient hij meer dan vijfduizend euro en de volgende maand niets. Dan loopt hij vloekend door het huis en slaat met deuren.
Kelly wordt dan bang en gaat huilen en Fred wordt nog kwader.

Buiten regent het hard. Kelly wijst[1] naar alle tv's: 'Vissie, vissie tijten.'
Op alle tv's is hetzelfde: een programma over vissen.
Kelly kijkt met grote ogen.
Ze voelt een hand op haar schouder.
'Hé, ben jij hier?' Lex staat achter haar.
'Ik ben gevlucht', zegt ze. 'gevlucht voor de regen.'

[1] **wijzen**-wees-gewezen met je vinger een richting aangeven

Sylvia

'Het was in de vijfde klas', zegt ze. 'Bij meester Maarten. Toen heb ik voor het eerst gerookt. Ik werd doodziek en mocht naar huis.'

Ze staan op de parkeerplaats. Het regent hard.

Het is warm en fijn in de auto. Ze wil hier wel uren blijven zitten.

Haar telefoon gaat. Lex. Ze zet het toestel uit.

'Ik ben in de vijfde klas blijven zitten[1]', zegt Fred.

'Waarom?'

'Ik weet het niet. Misschien deed ik niets of misschien was ik te lastig.'

'Of alletwee.'

'Ja, alletwee denk ik. Zo ging het altijd op school. Ik heb mijn diploma gekregen, omdat ze me niet meer op school wilden hebben.'

Hij lacht en neemt een slok uit een klein flesje.

Zij neemt ook een slok. Whisky. Dat drinkt ze nooit.

De whisky brandt in haar keel, maar voelt warm in haar maag.

'Kijk', zegt ze. Ze wijst naar een konijn. Het regent niet meer en het konijn zit aan de rand van de parkeerplaats.

'Pang', zegt Fred. Hij doet alsof hij het konijn dood schiet met een geweer.

'Moordenaar[2]', zegt ze lachend en ze stapt uit de auto.

Fred volgt.

Als hij vlakbij haar is, rent ze de duinen in.

---

1 **blijven zitten** een schoolklas nog een keer moeten doen

2 **moordenaar** iemand die een ander heeft gedood

Hier, de duinen, het bos, de zee, het strand. Dit is vrijheid, dit is leven.
Ze staat stil en kijkt om. Fred is nergens te zien.
Ze gaat op de grond zitten en voelt dat haar broek nat wordt.
Het is beter om terug te gaan. Fred zit natuurlijk alweer in de auto.
Misschien rijdt hij wel weg.
Ze loopt een pad in, terug naar de parkeerplaats. Soms hoort ze iets en staat ze even stil.
Maar ze ziet alleen bomen.
Ineens is er een hand op haar schouder. Ze wordt ijskoud.
'Alleen aan het wandelen mevrouw?'
Ze kijkt in het lachende gezicht van Fred.

Lex
Hij heeft de hele middag gebeld: naar huis en naar Sylvia's gsm. Niets.
Ze is vaak weg, nu ze geen werk meer heeft. Hij heeft met haar gepraat over nieuw werk. Maar ze wil 'al die stomme baantjes' niet.
Ze wil ook niet meer mee naar zijn ouders, op zondag. 'Het zijn jouw ouders, toch?' heeft ze gezegd.
Hij zet zijn fiets in het schuurtje en ziet dat Sylvia's fiets weg is.
De hond springt blij tegen hem op. 'Straks Bas.'
Hij kijkt in de koelkast. Niets. Ze heeft geen boodschappen gedaan.
Dat wordt weer Chinees of een pizza.
Hij pakt de laatste boterham en een plak kaas.

Kwart voor zeven. Hij zit op de bank voor de tv. Nog steeds heeft hij niets gehoord van Sylvia.
Als ze iets te doen heeft, gaat het wel beter.
Een kind is misschien een oplossing. Maar Sylvia wil nog niet.
'Dat is toch leuk, zoals Fred en Marja met Kelly?' heeft hij gezegd.
'Nou', zei Sylvia. 'Fred is ineens drie weken weg geweest. Marja wist niet waar hij was. Dus zo leuk is het niet.'
Misschien blijft Sylvia ook wel weg, net als Fred.
Nee, natuurlijk niet. Ze heeft een ongeluk gehad. En geen ID bij zich.
Hij gaat voor het raam staan. Bas gaat bij hem staan en klaagt zachtjes.

Misschien is ze in Amsterdam, bij een vriendin. Of ligt ze in het ziekenhuis.

Een auto stopt voor het huis. De auto van Fred.
Fred haalt Sylvia's fiets uit de auto. Hij zwaait en rijdt weg.
Sylvia kijkt niet naar hem. Ze loopt met de fiets naar het schuurtje.
Dan gaat de achterdeur open. Bas rent naar Sylvia toe.
'Ja ja, stil maar.'
Ze komt de kamer in en blijft staan.
'Wat ... eh?' vraagt hij.
'Ik had een lekke band. Fred kwam langs en hij heeft me naar huis gebracht.'
Ze gaat op de bank zitten.
Hij gaat naast haar zitten. Hij ruikt[1] drank en sigaretten.
De vragen blijven in zijn hoofd zitten. Waar was je dan? Waarom heb je je telefoon niet opgenomen? Waarom ben je zo lang weg gebleven?
'Aardig van Fred', zegt hij.
Ze staat op en loopt naar de keuken.
Op haar lichte spijkerbroek zitten donkere vlekken. Alsof ze op de natte grond heeft gezeten.

[1] **ruiken** wat je doet met je neus

Dinsdag

Fred rijdt naar huis. Hij is bij Van Grienten geweest om naar de auto te kijken.
Maar het was niks.
Vanmorgen om tien uur heeft ze hem opgebeld en om twaalf uur weer.
Ze vindt het leuk om met hem te praten.
En ze is blij dat er gisteren niks gebeurd is, zei ze.
Het is bijna wel gebeurd.
Terug in de auto hebben ze de whisky opgedronken en een sigaret gerookt.
Ze hebben niks gezegd.
Eén woord was genoeg geweest. Eén woord, maar ze zeiden niets.

'Ik zit op de bank', zei Sylvia. 'En ik verveel me dood. Lex vindt dat we een kind moeten nemen. Wat denk jij?'
'Je moet het alleen doen, als je het zelf wilt', zei hij.
'Jij bent zo anders dan Lex', zei ze toen. 'Lex begrijpt me niet. Ik ben een vrouw die voor het eten zorgt, die boodschappen doet. Hij gaat met me naar bed, omdat ik toevallig in dat bed lig.'

Hij parkeert de Cherokee en gaat zijn huis in.
In de keuken pakt hij een flesje bier.
Alles staat klaar voor het eten: de aardappels in het water, de groente schoongemaakt, het vlees in de pan.
Hij gaat op de bank zitten.
'Mama', zegt Kelly.

Dan pas kijkt hij naar Marja en ziet haar dikke, rode wang.
'Wat is er? Wat heb je?' vraagt hij.
Marja doet haar handen voor haar gezicht en begint te huilen. Meteen huilt Kelly ook.
'Is er iets gebeurd?' vraagt hij.
'In de winkel, vanochtend ... een man.'

Hij kijkt niet naar haar. Hij houdt niet van vrouwen die huilen. Zelf huilt hij nooit.
'Was het een klant?' vraagt hij.
Ze knikt. 'Hij had alleen een blikje bier', zegt ze.
Ze pakt Kelly op en begint weer te huilen.
Hij drinkt zijn flesje bier leeg en zegt niets.
'Gewoon een Nederlandse man', zegt Marja. 'Hij betaalt en de kassa gaat open.
Hij pakt mij vast en grijpt met zijn andere hand in de kassa. Naar de twintig eurobiljetten.
Een andere man begint heel hard te schreeuwen. Alsof hij pijn heeft. Iedereen kijkt naar hem. Ik probeer die man tegen te houden. Die man van dat blikje bier.
En hij slaat in mijn gezicht. Toen renden ze weg.'
'Mama nie[1] huilen', zegt Kelly.
Hij weet dat hij nu even naast haar moet gaan zitten. Hij moet nu een arm om haar schouders leggen.

---

1 **nie** niet

3.

Twee weken voor de gebeurtenis

Sylvia
Ze kijkt op de klok. Het is de wekkerradio[1], die ze voor haar verjaardag heeft gekregen. Van Lex. Van de BCC, het nieuwste model.
Twaalf uur zeventien. Lex slaapt.
Ze gaat op haar rug liggen en kijkt naar het plafond.
Dan gaat ze op de rand van het bed zitten.
Ze kan verdwijnen[2], net zoals Fred heeft gedaan.
Ze weet nog steeds niet waar hij toen geweest is.
Ze praten over alles, maar nooit dáárover.
De afgelopen weken heeft ze elke dag met hem gebeld.
Wel vier of vijf keer.
Ze vindt het fijn om met hem te praten. En Fred ook.
Ze heeft die gesprekken nodig. Wat moet ze anders doen met al die vrije tijd?

Ze pakt haar kleren van de stoel en gaat naar beneden.
Bas komt enthousiast naar haar toe.
'Stomme hond', zegt ze. 'Jij begrijpt niks.'
Ze doet haar kleren aan en kijkt een tijdje naar de tv. Niks.
Ze zoekt haar bankpas en loopt naar buiten.
Ze loopt en loopt. Het is tijd voor actie. Maar welke actie?

Bij een café stopt ze en gaat naar binnen. Café Timeless.
Ze gaat aan de bar zitten en bestelt een witte wijn.

---

[1] **wekkerradio** klok die je wakker kan maken
[2] **verdwijnen**-verdween-verdwenen: weg gaan, weg zijn

'Opschrijven?' vraagt de blonde vrouw achter de bar. 'Op welke naam?'
'Bedenk maar een naam.'
'Oké. Ik noem je Lucinda.'
Ze kijkt om zich heen en pakt een sigaret. De vrouw achter de bar geeft haar een doosje lucifers.
Naast haar komt een man zitten. Hij bestelt een bier. Donker krullend haar en een baard van vijf dagen.
Ze bestelt nog een glas witte wijn en kijkt even naar de man. Hij knikt naar haar.
'Proost', zegt de man, als ze haar witte wijn krijgt.
'Ja, proost.'
Ze blijft nog tien minuten zitten; dan betaalt ze.
'Ga je nou al weg?' vraagt de man.

Lex

Hij wordt wakker; hij ligt alleen in bed. Twintig voor drie.

Van beneden komt het geluid van muziek.

Hij stapt uit bed en gaat de trap af.

Maar in de woonkamer is ze niet. De tv staat aan.

Misschien moet hij haar gaan zoeken. Maar waar?

Hij heeft het koud en trekt een jas aan. Hij kijkt naar de tv, zonder iets te zien.

Fred

'Met Fred Verhoef.'

'Met mij. Heb je even tijd voor me?'

Dat vraagt Sylvia altijd.

'Is er iets?'

'Ach, ik weet niet. Ik wil met je praten. Heb je Lex gesproken?'

'Nee', zegt hij. 'Maar we zien jullie toch morgenavond op de bowlingbaan?'

'Ik weet niet of ik kom. Waarom doen we dat eigenlijk, bowlen?'

'Nou ja, soms is het wel gezellig. En ik zie jou nog eens.'

'Ja, en ik jou', zegt ze. 'Maar jij hebt Lex dus niet gesproken?'

'Nee. Is er dan iets?'

'Ach, we hebben enorme ruzie gehad. Hij wil dat ik ga werken. En hij wil een kind.

En ik moet een betere huisvrouw zijn. Hij zegt dat ik alleen maar op de bank zit en tv kijk.'

Hij krijgt een idee.

'Heb je tijd vanmiddag?'

'Oja, tijd genoeg.'

'Dan kom ik je redden.'

'Graag. Wat wil je gaan doen?'

'Naar de duinen, naar het strand. Ergens eten, iets drinken.'

'Samen?'

'Ja, waarom niet? Zal ik je komen ophalen?'

'Nee, ik fiets wel naar jou toe.'

Sylvia
Het waait hard. Ze staan op de top van een duin en kijken over de zee.
'Als ik weg ben, zal ik dit missen', zegt ze.
'Waarom weg?'
'Omdat ik iets anders wil.'
Ze rent naar beneden, van het duin af.
Fred rent achter haar aan. Samen vallen ze in het zand.
Hij kan zijn armen om haar heen slaan. Misschien wil ze dat wel.
Ze voelt even aan de piercing [1], boven haar oog.
Fred vindt hem mooi; dat heeft hij gezegd.

Ze lopen naar de zee en kijken naar de golven.
Als ze terug lopen, pakt Fred haar hand.
Dit is niet goed. Ze moet zeggen dat ze direct naar huis wil.
Niet ergens iets eten, niet ergens iets drinken. Direct naar huis.
In de auto drinken ze whisky. Ze roken.
Fred legt een hand op haar been. Ze doet haar ogen dicht en wacht.
Ze wil zijn mond voelen. Misschien wil ze nog wel meer.

Ze moet dit proberen. Want met Timo weet ze het ook niet zeker.
Ze hebben lang gepraat, in de Timeless. Het was heel leuk.
Maar hij heeft niet gevraagd of ze mee ging naar zijn huis, zijn kamer, zijn bed.
Hij heeft haar gewoon naar huis gebracht. Geen zoen, alleen een hand.
Tot ziens.

[1] **piercing** ring door je huid

Marja

Ze kijkt naar de tv, als Fred binnen komt. 14

Hij pakt een flesje bier en gaat op een stoel zitten.
'Kun je niet even bellen, als je later komt?' vraagt ze.
'Ja, niet aan gedacht. Ik heb te veel aan m'n hoofd[1].'
'Het eten staat in de keuken.'
'Ik heb al gegeten. Ik heb geen honger meer.'
Ze vraagt niets. Dat is beter.

---

[1] **te veel aan je hoofd hebben** te veel gedachten en zorgen hebben

Lex

Hij staat voor het raam en ziet haar aankomen, op de fiets.
Snel gaat hij op de bank zitten en doet de tv aan.
Kwart over negen.
Deze keer zal hij niet boos worden. Ze weet niet wat ze wil, ze heeft het een beetje moeilijk.
Vanochtend heeft hij met Yvonne gepraat.
'Je moet haar een tijdje met rust laten', zei Yvonne.
Maar Yvonne voelt niet zijn angst. De angst dat ze bij een ander is.

Ze komt de kamer in. 'Hallo.'
'Hallo.'
Dan ziet hij iets schitteren boven haar oog.
'Wat is dat?' Hij wijst.
'Een piercing.'
'Verdomme, waarom heb je dat gedaan?'
'Gewoon. Omdat ik het wilde. Omdat het mooi is.'
'Het is verdomme helemaal niet mooi. Het is niks voor jou.'
'Dat moet ik zelf weten.'
Hij pakt haar vast.
'Die piercing gaat weg. Nu meteen.'
'Die piercing blijft zitten. Misschien neem ik nog een piercing.'
Ze probeert zich los te trekken, maar hij houdt haar stevig vast.

Dan schopt[1] ze. De pijn steekt als een mes in zijn been.
'Stom kutwijf[2]!'
Hij laat haar los en pakt zijn been.
Ze staat op. Hij probeert haar tegen te houden.
'Ik ga weg. Ik wil hier niet blijven.'
'Je móet hier blijven.'
'Ik moet helemaal niks', schreeuwt ze.
Hij pakt haar weer vast en slaat. Hij heeft dit nog nooit gedaan. Maar nu slaat hij door.
Ze rent het huis uit, huilend.

Misschien weet Fred wat hij moet doen. Hij belt op zijn gsm.
'Enorme ruzie gehad', zegt hij. 'Ze kwam pas om een uur of half tien thuis ...'
'Zei ze waar ze geweest is?'
'Nee. Ik weet niks. Ze vertelt me niks. En ze had een piercing.'
'Een piercing? Sylvia?'
'Ja, door haar wenkbrauw. Toen kregen we ruzie en ik heb haar geslagen[3].
Nou is ze weg. Gewoon weg gelopen. Wat moet ik nou doen?'

---

1 **schoppen** met je been hard naar voren trappen
2 **kutwijf** scheldwoord voor een vrouw
3 **slaan**-sloeg-geslagen: hard met je hand tegen iets aan gaan

Fred
Hij zet zijn telefoon uit en voelt zich rot.[1]
Hij heeft gezegd dat Sylvia een wilde periode heeft. Dat ze wel weer terug komt.
Hij weet zelf heel goed hoe dat was: die wilde periode.
Het kamertje in Amsterdam, de rommel op de grond, Loeki bovenop hem.
Hij heeft gezegd dat alles wel weer goed komt. Maar hij weet dat het niet waar is.

[1] **rot** naar, akelig

Lex

'Het komt wel weer goed', zegt Yvonne. 'Wil je nog koffie?'
'Nee, dank je.' Hij heeft al drie koppen koffie gedronken. Hij heeft de halve nacht wakker gelegen. Toen hoorde hij haar thuis komen.
Ze kwam de slaapkamer niet in, maar ging naar het kleine kamertje.
Het kamertje, dat een kinderkamer moest worden.
Yvonne legt een hand op zijn arm. 'Het komt wel goed.'
Hij wil zijn armen om haar heen slaan. Haar warme, zachte lichaam voelen.
Ze is niet zo mooi als Sylvia. Maar ze is er.
'Oja, morgen ga ik verhuizen', zegt ze.
Hij is blij dat ze over iets anders praat.
'Is het een mooi appartement?'
'Klein, maar gezellig.' Ze krijgt een kleur. 'Je moet maar eens komen kijken.'

Fred

Vanochtend heeft Sylvia weer een paar keer gebeld. Ze klonk wanhopig.
Nu staat de telefoon uit.
Hij loopt de garage in. Jimmy ligt onder een oude Nissan.
'Je moet zo even een ontbijtkoek kopen', zegt hij tegen Jimmy.
'Een ontbijtkoek?'
'Ja voor in de versnellingsbak[1]. Dan maakt-ie[2] niet zoveel lawaai. Voor een paar weken, maar dat is genoeg. Morgen komt een klant voor die auto.'
Jimmy kijkt hem verbaasd aan.
'Het is zo', zegt hij. 'Een ouwe truc[3]. Ontbijtkoek of bananenschillen.'

In zijn kantoortje belt hij haar weer. Hij wil haar stem horen.
'We hadden het niet moeten doen, Fred.'
'Nee, misschien niet.'
'Het is niet goed. Als Marja het hoort ...'
'Marja hoort het niet', zegt hij. 'Het is ons geheim.'
'Ja, ons geheim.'

Natuurlijk kan het niet lang een geheim blijven. Ze gaan samen weg, naar Amsterdam of naar Rotterdam. Misschien weet Loeki iets. Als ze niet in de gevangenis[4] zit. Hij denkt aan de politie, die haar kwam halen.

---

1 **versnellingsbak** deel van een auto
2 **ie** spreektaal voor 'hij'
3 **truc** iets wat slim is
4 **gevangenis** gebouw waar criminelen worden vastgehouden

Drie weken waren ze hartstikke gelukkig.
Sylvia kan haar plaats innemen, dat weet hij zeker.
'Zien we elkaar gauw?' vraagt hij.
'Misschien wel.'
'Misschien?'
'Ik wil geen afspraken maken. Met niemand.'

4.

Dit is gebeurd II

Ze is weg. Voor altijd. Zijn toekomst is ook weg.
Waarom wilde ze niet luisteren?
Hij stapt in de auto en ziet haar mobieltje liggen.
Dat is hij vergeten. Stom.
Straks moet hij het ergens in het water gooien.
Hij probeert de auto te starten, maar het gaat niet.

Hij legt zijn hoofd op zijn armen, tegen het stuur.
Ze komt terug. Natuurlijk komt ze terug.
Ze legt haar vingers tegen zijn wang[1]. Ze veegt zijn tranen weg.
Maar dan ziet hij de donkere plek op het dashboard.
Hij doet zijn ogen dicht.

Eindelijk wil de auto starten. Hij rijdt van de parkeerplaats af.
Straks, op de weg, moet hij stoppen. En de sporen[2] van zijn banden in het zand wegvegen[3].

---

1 **wang** deel van het gezicht, links en rechts van de neus
2 **sporen** afdruk van de banden
3 **wegvegen** zorgen dat je ze niet meer kan zien

5.

Na de gebeurtenis

Woensdag

Marja
Kwart voor acht. De telefoon gaat. Ze is meteen in paniek.
'Ja, met Lex. Sylvia, die is ...'
Er klinkt een snik.
'Wat is er met Sylvia?'
De laatste twee weken dacht ze het al. Er was iets met Sylvia.
Daarom hadden ze twee keer niet gebowld. Misschien was Sylvia wel ernstig ziek.
'Ze is weg ... verdwenen[1].'
'Verdwenen?'
'Ja, ik weet niet waar ze is. Ik dacht: misschien is ze bij jullie ...'
'Ze is niet hier.'
'Misschien weet Fred iets?'
'Waarom Fred?'
'Ze praten wel eens met elkaar. Ik dacht ...'
'Volgens mij weet Fred niks. Hij heeft niks gezegd.'
'Nee, natuurlijk niet', zegt Lex.
'Wat ga je nu doen?'
'Misschien moet ik naar de politie gaan.'
'Ja, misschien.'
'Is Fred thuis?'

---

1 **verdwenen** van verdwijnen: weg gaan, weg zijn

'Ja, maar hij slaapt nog. Zal ik hem roepen?'
Gisteravond is Fred laat thuis gekomen. Ze lag al in bed. Maar ze heeft niets gevraagd.
'Nee, misschien staat ze zo weer voor de deur. Misschien ben ik bang om niks.'
'Bel je me als ze weer terug is?'
'Doe ik.'

Lex

Hij belt naar zijn werk. Natuurlijk neemt Yvonne de telefoon op.

Hij komt niet. Hij voelt zich ziek.

'Lex ...', zegt ze zachtjes.

'Wat is er?'

'Je wilt hier toch nog wel werken?' zegt ze. 'Je blijft toch niet thuis, omdat ik hier ben?

Het is niet goed wat we deden. Maar het gebeurde gewoon. Ik zal het tegen niemand zeggen.'

'Ja', zegt hij.

'Ik weet dat we geen toekomst hebben', gaat Yvonne verder. 'Jij bent getrouwd, jij hebt Sylvia. Je moet niet meer bij me komen.'

'Nee', zegt hij.

'Morgen ben ik weer in de winkel', zegt hij.

Yvonne heeft hem gebeld, maandagavond. Sylvia was natuurlijk weer niet thuis.

Haar deurbel deed het niet en haar tv ook niet. Zou hij misschien even kunnen komen? Dan kon hij meteen haar appartementje zien.

Ze bedankte hem met een zoen. Hij kuste haar terug. Ze sloeg[1] haar armen om hem heen, ging dicht tegen hem aan staan. Even later lagen ze op de vele kussens op de grond.

Sylvia was pas om twee uur 's nachts thuis gekomen.

[1] **slaan**-sloeg-geslagen: hard met je hand tegen iets aan gaan

Marja

Soms lijkt het alsof Fred niet meer geïnteresseerd is in haar. Maar vanmorgen heeft hij zijn arm om haar schouders geslagen.
'Jij bent mijn Marja, toch?' zei hij. En daarna:
'Gisteravond was ik thuis.'
Ze begreep het niet, maar toen zei hij:
'Problemen met een auto. Als de politie iets vraagt, dan was ik gewoon hier.'
Ze is het gewend. Fred doet soms vreemde dingen.

's Middags komt Fred vloekend binnen: 'Mijn auto is gestolen.'
'De Cherokee?'
'Ja, een andere auto heb ik niet.'
'Waar?' vraagt ze met een klein stemmetje.
'Bij café De Tegelaar. Shit.'
Hij gaat naar de keuken en pakt een flesje bier.

Lex
Er zijn weinig klanten in het café.
Achter de bar staat een vrouw met kort, rood haar.
Hier moet Sylvia geweest zijn. Hij heeft de lucifers van Timeless in haar jaszak gevonden.
'When I woke up this morning, my baby was gone' speelt de muziek.
Hij bestelt een witte wijn en de vrouw brengt hem een glas.
'Komt Sylvia hier nog wel eens?' vraagt hij aan haar.
'Sylvia? Ik ken geen Sylvia.'

Vrijdag

Lex
Hij stapt in zijn Hyundai en rijdt naar het politiebureau.
De auto moet schoongemaakt worden. Er ligt veel zand op de grond.
Sylvia is gek op de duinen en het strand.
Straks moet hij de auto goed stofzuigen. En dan kan hij hem gelijk wassen.

'Wat kan ik voor u doen?' vraagt de politieagent.
'Ja, ik vind het moeilijk om te zeggen, maar ...'
'Gaat u even zitten. Waar komt u voor?'
'Mijn vrouw', zegt Lex. 'Mijn vrouw is … verdwenen.' Hij zucht.
'Hoe lang?'
'Vier dagen. Ik weet niet waar ze is. Ik ben bang dat er iets met haar is gebeurd.'
De agent kijkt hem aan. 'Wat dan?'
'Een ongeluk ofzo.'
'Maar als ze al vier dagen weg is, waarom komt u dan nu pas?'
'Ik hoopte dat ze gewoon weer terug zou komen. Dat ze ineens weer voor de deur zou staan.'
'Tja … Is ze wel eens eerder weggelopen?'
'Ik denk niet dat ze is weggelopen. Haar paspoort ligt nog thuis.'
De agent kijkt hem lang aan.
'Heeft ze misschien een vriend? Een relatie met een ander?'
'Nee.'
'Weet u dat zeker?'

'Niet honderd procent.'
'Heeft u ruzie gehad?'
'Nee. Ze was wel vaak weg, maar dat hebben vrouwen soms.'

Dinsdag

Lex
Hij is gisteren naar zijn werk geweest.
Maar om twee uur heeft zijn baas hem weer naar huis gestuurd.
Een klant die voor een radio kwam, heeft hij een tv laten zien.
'Je bent echt nog niet beter', zei hij.
Sylvia is nu een hele week weg.
De telefoon gaat en hij schrikt. Misschien ... ?
Het is de politie. Of hij even naar het bureau kan komen.
'Heeft u haar gevonden? Weet u waar ze is?'
'Dat vertellen wij op het bureau.'

Op het bureau weet hij het meteen. Hij wordt heel kalm.
'Het spijt ons erg', zegt de agent, 'maar uw vrouw is gevonden. Dood.'
Lex wil iets vragen, maar dat lukt niet.
Hij kan alleen maar kijken naar het rare haar van de agent. Zou hij gel[1] in zijn haar doen?
'Waar?' vraagt hij uiteindelijk.
De agent vertelt dat ze begraven[2] was in de duinen. Niet ver van een parkeerplaats.
Kinderen hebben haar gevonden. Kinderen die van het duin af renden.
'Misschien is het een andere vrouw', zei Lex. 'Misschien is het een vergissing.'

---

[1] **gel** om in je haar te doen
[2] **begraven** in de grond leggen

Fred

Om tien uur gaat hij nog even naar Lex.

Er staan al drie lege bierblikjes op tafel. Lex pakt nog twee blikjes uit de keuken.

Ze proosten. Hij vloekt.

'Hebben ze al een idee wie het gedaan heeft?' vraagt hij.

Lex schudt zijn hoofd.

'Nee, ze denken misschien wel dat ik het zelf heb gedaan.'

'Jij? Maar waarom? Is de politie nou helemaal gek?'

'Ik weet het niet. Ik moest zeggen waar ik vorige week dinsdag was. Toen is het gebeurd. Haar horloge was stuk en dat moet op dinsdag zijn gebeurd. Nou, toen was ik de hele avond alleen thuis. Die agent keek zo gek, toen ik dat zei. Hij vroeg of ik gebeld had of dat iemand mij had gebeld, maar ik wist niks.'

'Je zei dat ze wel eens middenin de nacht thuiskwam. Waar ging ze naartoe? Met wie was ze dan?'

'Ik weet het niet. Alleen de naam van een café. Timeless. Ken je dat?'

'Ja', zei hij. 'Zal ik daar eens naartoe gaan en met een paar mensen praten?'

Donderdag

Lex

Gisteren was de politie bij hem, om het huis te doorzoeken. Ze vonden het gek dat Sylvia's kleren in het kleine kamertje lagen.
Sliep ze daar? Ja.
Nu zit hij weer op het bureau, in een apart kamertje.
Twee agenten zitten tegenover hem.
De ene agent heet Beuk, de andere Stroef.
'Yvonne', zegt Stroef. 'We hebben met haar gepraat. Jullie zijn vrienden?'
'Ach', zei Lex. 'Ze is heel aardig en ik ben een keer bij haar thuis geweest.'
'En toen hebben jullie gevreeën[1]. Vorige week maandag, een dag voordat ... voordat uw vrouw om het leven kwam[2].'
'Ja, maar ik wilde niet ...'
'U wilde niet dat uw vrouw om het leven kwam?'
'Nee, nee, maar ...'
'O, dat wilde u wel?'
'Wat is dit verdomme? Laat me uitpraten.'
Hij voelt het zweet op zijn rug.
'Ik wilde niet met Yvonne vrijen. Maar het gebeurde.'
'Wist uw vrouw dat? Heeft u het haar verteld?'
'Nee, ze wist het niet.'
'Was Yvonne uw nieuwe grote liefde? Wilde u doorgaan met die relatie?'

---

1 **vrijen**-vree-gevreeën: seks hebben
2 **om het leven komen** dood gaan door geweld

'Natuurlijk niet.'
'Nou, ze is een leuke, jonge meid.'
Beuk begint nu ook te praten: 'U doet wel vreemd.
U had problemen met uw vrouw. Dat weten we. U heeft haar geslagen.'
'Eén keer', zegt Lex. 'Het is maar één keer gebeurd.'
'Dan heeft u een affaire met Yvonne. En dan verdwijnt uw vrouw.
U wacht vier dagen en dan pas gaat u naar de politie.
Dat vinden wij verdacht. Dat begrijpt u toch wel?'

'Ja, maar het is niet waar. Ik houd van Sylvia … ik hield van haar.'
Hij legt zijn armen op tafel en zijn hoofd in zijn handen.
De agenten zijn een tijdje stil.
Dan vraagt Stroef of Sylvia wel eens in de auto reed.
'Ja, soms. Ik ga meestal op de fiets naar mijn werk.'
'Vindt u het goed als wij uw auto doorzoeken?'

Marja

Kelly ligt net in bed, als de telefoon gaat. De politie. 28
Over vorige week dinsdagavond.
'Is er toen iets bijzonders gebeurd?'
'Nee, ik dacht het niet.'
'En uw man, waar was hij?'
'Die was thuis. We hebben tv gekeken.'

Fred

Hij haalt de foto uit zijn zak en laat hem zien.
De vrouw achter de bar heeft kort paars haar.
'Is zij hier wel eens geweest?' vraagt hij.
'Ja, de laatste week niet, maar daarvoor wel. Lucinda.'
'Lucinda?'
'Ja, zo noemde ik haar.'
'Ze heet Sylvia', zegt hij. 'Mag ik een pilsje? En neem zelf ook wat.'
Hij wijst naar de foto.
'Was ze altijd alleen?'
'Waarom wil je dat weten?'
'Het is belangrijk voor een goede vriend van me.'
'Hoe belangrijk?'
'Minstens vijftig euro. Misschien wel honderd.'
De vrouw lacht. 'Ik denk honderd', zegt ze.
Hij haalt een pakje bankbiljetten uit zijn zak en pakt twee briefjes van vijftig.
'Eerst was ze alleen', zegt de vrouw. 'Later met Timo. Het ging goed tussen die twee.'
'Weet je waar die Timo woont?'
'Nee, maar voor vijftig euro weet ik misschien zijn achternaam.'
Hij legt een derde bankbiljet op de bar.
'Timo Portina. Maar hij woont hier niet meer. Hij is verhuisd, naar Amsterdam.'
Hij drinkt zijn bier op.
Dat is hem dus. De man die de oorzaak van alles is.

Vrijdag

Fred

'Beuk.' De agent wijst naar zijn collega. 'Stroef. Prettig dat u even hier wilde komen.'

'Oké', zegt Fred.

'Wij willen graag met u praten over Sylvia Hengel. Ellendig allemaal. Zo'n jonge vrouw. Echt heel treurig.'

'Voor Lex is het verschrikkelijk', zegt hij.

'Absoluut.' Stroef speelt met zijn koffiebekertje. 'Ik vraag het maar meteen: weet u wie het gedaan heeft?'

Hij schudt zijn hoofd.

Het is nog te vroeg om Timo Portina te noemen.

'U was haar vriend?'

'Ja, ze was de vrouw van Lex, mijn beste vriend.'

'Ja, maar was u ook háár vriend?'

'Ja, zo zou je het kunnen noemen', zegt Fred.

'Sylvia Hengel belde u erg vaak, soms wel vier of vijf keer op een dag. Waarom belde ze met u?'

'Gewoon. We vonden het leuk om met elkaar te praten.'

'Waren die gesprekken intiem[1]?'

'Nee, dat niet.'

'U had geen relatie met elkaar?' vraagt Stroef

'Natuurlijk niet. We waren als … als broer en zus.'

'Waarover praatten jullie dan?'

'Over alles, over haar leven. Over haar problemen.'

'Welke problemen?' vraagt Beuk.

'Tja.' Hij denkt snel na. 'Ze wilde andere dingen in haar leven. Meer avontuur.'

---

[1] **intiem** vertrouwelijk

'En wat zei u dan?'
'Dat zij en Lex hun best moesten doen. Dat het dan wel beter zou gaan.'
'Wist Lex Hengel van die gesprekken?'
'Nee, ik denk het niet. Sylvia wilde niet dat ik het vertelde.'
'Of wilde u het niet vertellen omdat u een liefdesrelatie met haar had?'
'Sylvia en ik? Waarom denken jullie dat? We waren vrienden. We begrepen elkaar. Ik zei het net al: als broer en zus.'
De twee agenten kijken elkaar aan.
'Kan ik nu gaan?' vraagt hij.
'Sylvia Hengel ging de laatste tijd vaak weg', zegt Stroef. 'Weet u waar ze naartoe ging?'
'Nee, maar ... o, ze ging wel eens naar een café, Timeless, geloof ik. Dat heeft ze wel eens gezegd.'
'Noemde ze ook wel eens namen van mensen, van mannen?'
'Ze had het over een Timo, dacht ik.'
Stroef schrijft iets op en geeft Fred een kaartje.
'U kunt ons altijd bellen. U was zelf gewoon thuis, vorige week dinsdagavond? U heeft mevrouw Hengel toen niet gezien of gesproken? Ook niet telefonisch?'
'Nee, helemaal niet.' Fred loopt naar de deur.
'O ja', zegt Beuk. 'Vorige week is toch uw auto gestolen?'
'Ja, ik heb hier aangifte gedaan, maar ik heb verder niets gehoord. Zal wel verdwenen zijn naar Polen of naar Rusland.'
'Ja, zo gaat dat meestal.'

Fred loopt op straat en denkt nog eens na:
- de sporen van de banden in het zand heeft hij weggeveegd;
- het mobieltje van Sylvia heeft hij in de Molensingel gegooid;
- hij heeft afspraken gemaakt met Marja en Jimmy.

Er kan helemaal niets fout gaan.

Lex

'Maakt u uw auto altijd zo goed schoon?' vraagt de agent.
Lex zegt dat hij toch niets anders te doen heeft.
'We hebben zand in de banden gevonden', zegt de agent. Hetzelfde soort zand als op de parkeerplaats bij de duinen. Waar uw vrouw gevonden is. Bent u daar pas nog geweest?'
'Nee, in de zomer wel. Maar misschien is Sylvia zelf naar het strand gereden. Ze hield erg van de duinen, van het strand. Ze wilde altijd naar het strand.'
'Maar u bent vorige week dinsdag niet met haar daarheen gereden?'
'Nee, ik was thuis.'
'Alleen ja. U zat dus niet met haar in de auto? En u heeft geen ruzie met haar gekregen over Yvonne?'
'Nee, nee, nee!'
'En u heeft toen niet met haar gevochten en haar uiteindelijk gedood?'
Hij wil schreeuwen.
Maar hij kijkt zwijgend naar de foto van Sylvia aan de muur. De foto op het strand.
Fred had die foto gemaakt van Sylvia in bikini. Hij vond zelf die bikini een beetje te klein.
De agent praat door: '... de auto van binnen en van buiten schoonmaken. Omdat we anders iets kunnen vinden.'

Fred 32

Hij vloekt.
'Wat is er?' vraagt Jimmy. 'Niks. Ik moet even weg.'
Stroef heeft gebeld. Hij heeft 'nieuwe gegevens'.

Hij parkeert ongeveer honderd meter van het politiebureau en blijft in de auto zitten.
Hij rookt een sigaret en neemt een paar slokken uit het flesje.
Nieuwe gegevens, dat kan van alles zijn.
Hij meldt zich bij de balie.
Na een paar minuten komt Stroef. 'Ik heb goed nieuws voor u.'
'O, hebben jullie die Timo gevonden?'
'Kom maar even mee', zegt Stroef.
Ze lopen door een gang naar buiten.
'Dit is onze parkeerplaats', zegt Stroef. 'Kijk, daar staat-ie. Geweldig, dat we hem hebben gevonden, hè?'

Lex

De bel klinkt door het huis.

Hij loopt naar de voordeur. Daar staat Yvonne, met een bos bloemen.

Hij kijkt even de straat in en trekt haar naar binnen.

Samen staan ze in de gang.

'Gaat het weer een beetje?' vraagt Yvonne. 'Ik heb bloemen meegenomen. Misschien wel gek, maar ik wist niets anders.'

Ze slaat haar armen om hem heen en laat de bloemen vallen.

'Ik heb je zo gemist.'

Ze gaat dicht tegen hem aan staan.

Zijn handen gaan over haar rug.

'Het kan niet. Je kunt beter weggaan. De politie denkt dat ik ...'

'Dat je wàt?'

'Dat ik het heb gedaan.'

Ze kijkt hem even aan.

'Maar dat kan toch niet. Jij een moordenaar? Dat gelooft toch niemand.'

'De politie gelooft het wel.'

'Ik wil je zo graag helpen, Lex.'

Ze zoekt zijn mond met haar lippen.

Als ze niets had gezegd over die maandagavond, dan zou ze hem geholpen hebben.

Yvonne trekt zijn overhemd uit zijn broek.

Ze krast met haar nagels[1] over de huid van zijn rug.

Hij wil zich losmaken, maar dat lukt niet.

---

1 **nagel** hard stukje aan het eind van je vingers

Eerst denkt hij nog aan de twee agenten. Maar dan verdwijnen die.
Hij is hier met Yvonne en niemand kan hem tegenhouden.

Fred
Hij pakt een stuk ijzer en loopt naar Jimmy toe.
Jimmy zingt een liedje, terwijl hij bezig is met een oude Ford Mustang.
'Jim.'
Jimmy draait zich om en kijkt verbaasd naar het stuk ijzer.
'Wat is er?'
'De Cherokee', zegt Fred. 'Wat heb je daarmee gedaan?'
'Verkocht. Ik heb je meteen die vijfduizend euro gegeven. Dat weet je toch nog wel?'
'Heb je hem in Utrecht verkocht?'
'Ja.'
'Aan een Rus of een Pool?'
'Eh ... ja. Dat hadden we afgesproken.'
'Dus die auto is nu naar Polen of Rusland verdwenen?'
Jimmy knikt.
Fred pakt snel Jimmy's arm en doet met zijn andere hand het stuk ijzer omhoog.
'Hoeveel heb jij verdiend aan die Cherokee?'
'Vijfhonderd, die heb je me zelf gegeven.'
'En extra, voor jezelf?'
'Vijfhonderd, echt niet meer.' Jimmy klinkt nu angstig.
Fred duwt Jimmy tegen de auto en slaat met het ijzer tegen de auto.
Jimmy wordt nu echt bang ...
'Oké, we proberen het nog één keer. Hoeveel?'
'Tweeëneenhalf', zegt Jimmy zachtjes.
Weer slaat Fred met het ijzer tegen de auto.
'En je hebt de Cherokee dus gewoon aan een Nederlander verkocht, omdat die meer wou betalen.'
'Ja.'

'Klootzak[1]. Die auto moest naar Polen of Rusland.'
'Ik zal dat geld terugbetalen. Echt.'
'Je begrijpt helemaal niets.'
Hij duwt Jimmy zo hard weg, dat hij op de grond valt.
Met het stuk ijzer boven zijn hoofd komt hij naar Jimmy toe.
Jimmy begint te huilen: 'Niet doen, alsjeblieft niet doen.
We hadden dat geld thuis nodig. Ik zal echt ...'
'Gelul[2].'
Hij wil met het ijzer hard op Jimmy's arm slaan. Maar dan komt een auto het terrein oprijden.

1 **klootzak** scheldwoord voor een man
2 **gelul** lelijk woord: onzin

Fred
'We moeten vandaag verder komen', zegt Stroef. 'Anders moeten we u nog langer vasthouden.'
'Ik heb alles al verteld', zegt Fred.
Stroef kijkt hem aan. 'Volgens mij is er veel meer. We gaan net zolang door met vragen, tot we alles weten. Wij zijn geduldig, heel geduldig.'
'Laten we nog even praten over uw auto, de Cherokee', zegt Beuk. 'Het is toch wel heel toevallig dat hij de dag na de moord[1] op Sylvia Hengel gestolen is. En nou is die auto terug en nu kunnen we nergens vingerafdrukken[2] vinden. Niet van u, niet van uw vrouw. Helemaal niets. Vindt u dat niet gek?'
Hij haalt zijn schouders op.
Hij moet zijn hoofd erbij houden, dan kan er niets gebeuren.
'Kan ik even naar buiten, een sigaretje roken?' vraagt hij.
Hij heeft verdomme een sigaret nodig.
Beuk schudt zijn hoofd. 'We gaan nog even door, tot u wat coöperatiever bent.'
'Waarom pakken jullie die Timo niet op?' vraagt hij. 'Die had toch wat met Sylvia?'
Timo, die moeten ze hebben. Timo met zijn mooie praatjes. Als hij er niet was geweest, dan was er niets gebeurd.
Hij voelt de woede weer komen. Dezelfde woede als toen.
'Ik wil nog eens over die dinsdagavond praten', zegt Stroef.

---

1 **moord** het doden van iemand
2 **vingerafdrukken** als je iets vastpakt, blijft er een vingerafdruk achter

'Welke dinsdagavond?' Even weet hij echt niet wat Stroef bedoelt.
Stroef slaat met zijn hand op tafel.
'Je weet verdomme best wat we bedoelen. De dinsdagavond dat je Sylvia Hengel hebt vermoord[3].'
Fred schudt zijn hoofd.
'Die dinsdagavond was ik gewoon thuis, met Marja. Dat heeft zij toch ...'
'Ja, dat heeft ze gezegd', zegt Beuk. 'Maar wat een echtgenote zegt, betekent niets. Dat weet jij ook wel.'
Het is een spel. Een ja-neespel. Natuurlijk gaat hij winnen. Maar hij moet nu wel een sigaret roken. Hij pakt zijn pakje sigaretten en legt dat op tafel, samen met zijn lucifers.
'In de Cherokee is bloed gevonden', zegt Stroef. 'Vooral op het dashboard.'
'Dat hebben jullie al verteld.'
'Maar nu hebben we de analyses ook.'
'Analyses?'
'Ja, DNA. Hetzelfde profiel als van Sylvia Hengel. Haar bloed dus. Hoe verklaar je dat?'
Hij probeert zich groot te houden.
Shit. Hij heeft alles goed schoongemaakt, maar het bloed is natuurlijk in het leer van het dashboard getrokken. Daarom moest de auto ook naar Oost-Europa.
'Wat moet ik verklaren?'
'Hoe komt haar bloed in jouw auto?'
Fred speelt met het pakje sigaretten. Hij moet nadenken.
'Een paar keer zat ze bij me in de auto. Dan praatten we', zegt hij.

[3] **vermoorden** iemand doden

'Alleen praten?' vraagt Stroef.
'Ja, alleen praten. Bijvoorbeeld die keer dat Sylvia pech had met haar fiets. Ik heb die fiets achter in de Cherokee gezet en ik heb haar naar huis gebracht. Vraag maar aan Lex.'
'Maar eerst hadden jullie toch wel een goed gesprek?' vraagt Stroef. 'Van mens tot mens?'
'Nee, van broer tot zus natuurlijk', verbetert Beuk. 'Heb je haar toen meteen naar huis gebracht of hebben jullie eerst even lekker gevreeën[4]? Op de achterbank?'
Weer schudt Fred zijn hoofd.
'Seks … neuken[5], denken jullie wel eens aan iets anders?'
De agenten praten even zachtjes met elkaar.
'We moeten even iets nakijken', zegt Stroef dan. 'We zijn zo terug.'

Ze verdwijnen met de lucifers en sigaretten van Fred.
Hij hoort dat de deur op slot wordt gedaan. Hij staat op en loopt door het kamertje.
Hij heeft honger. Vanmorgen wilde hij zijn ontbijt niet.
Het is nu bijna drie uur en hij heeft nog niets gegeten en gedronken.
Hij denkt na over alles wat hij gezegd heeft. Ze kunnen hem niet vasthouden.
Ineens is hij weer op de parkeerplaats. Sylvia komt terug.
Ze kussen elkaar. Voor nu en altijd.
Hij gaat zitten en staat meteen weer op. Het is net alsof de muren bewegen.

---

4 **gevreeën** van vrijen: seks hebben
5 **neuken** seks hebben

Waar blijven die agenten? Wat doen ze toch?
Hij zit al een half uur alleen. Misschien zijn die klootzakken hem vergeten.
Hij slaat op de deur en luistert. Maar hij hoort niets.
Hij hoort alleen het bloed in zijn oren.
Hij doet hard zijn handen tegen zijn oren.
Dan komen Stroef en Beuk binnen.
'Kan ik even buiten een sigaret roken?'
'Jammer', zegt Stroef, 'maar daar hebben we geen tijd voor. Laten we nog eens praten over de dag dat je Sylvia geholpen hebt. Heb je haar toen meteen naar huis gebracht?'
'Hè?', zegt Fred.
De tijd. Er is iets met de tijd gebeurd. Hij probeert na te denken.
'We hebben ergens iets gedronken, geloof ik. Maar ik weet niet meer waar. En toen, o ja, in de auto snoot[6] ze haar neus ... nu weet ik het weer. En die begon te bloeden. Ze pakte papieren zakdoekjes[7]. Ik reed en ik kon niet meteen stoppen.'
Fred ziet zijn eigen verhaal voor zich.
'Ze maakte een beetje rommel. Later heb ik het schoongemaakt.'
Ja, zo is het gegaan, hij weet het weer.
'Fantastisch bedacht', zegt Stroef. 'Had ze wel vaker een bloedneus?'
'Weet ik niet.'

---

6 **snoot** van snuiten: je neus snuiten
7 **zakdoekjes** om het vuil uit je neus in te blazen

'Waarom heb je ons niet meteen verteld dat ze wel eens bij je in de auto zat?'
'Ik wist wat er gebeurd was. Ik wilde niet verdacht lijken. Stom natuurlijk. Ik had beter alles meteen kunnen zeggen.'
Fred wil opstaan. Alles is gezegd, klaar. Hij moet nu weg. Onmiddellijk.
Hij krijgt het benauwd. Het is warm in dit kamertje.
'We zijn nog lang niet klaar', zegt Beuk. 'Hoe vaak zagen jullie elkaar eigenlijk? Elke dag? Een paar keer per week?'
Hij schudt zijn hoofd. De hele kamer schudt mee. De hele wereld schudt mee.
Beuk herhaalt zijn vragen. 'Kom op, we willen een antwoord. Als het vandaag niet komt, dan gaan we gewoon de hele nacht door.'
Fred zucht. 'Misschien twee of drie keer, de laatste maanden. Ik weet het niet precies.'
'En die telefoontjes?'
Ze belt hem weer en ze praten. Over alles. Haar leven, zijn leven. Het gaat zo makkelijk, totdat ze ...
Vaag klinkt een stem in de verte.
Hij kijkt vragend naar Beuk.
Plotseling is de stem veel harder: 'Dus twee of drie keer per week. En de telefoontjes.'
'Ja, ze kwam bijvoorbeeld een keer naar de garage. Ze werkte niet meer en had tijd genoeg. Toen hebben we zitten praten.'
Hij had haar auto's laten zien. Ze hadden samen in een oude Triumph gezeten, terwijl Jimmy verderop bezig was. Godverdomme Jimmy. De Cherokee verkocht aan een Nederlander!
'De telefoon was niet genoeg?'

Nee, nee, hier is ook een telefoon. Hij moet haar bellen. Ze heeft hem nodig. En hij heeft haar nodig. Sylvia, lieve, mooie Sylvia.
'Jullie belden toch wel heel veel met elkaar', zegt Stroef.
'Ik heb hier de gesprekslijsten van de gsm, die we bij haar gevonden hebben.'
'Maar ze had toch helemaal geen mobieltje meer', zegt Fred.
Stroef en Beuk kijken hem zwijgend aan.
'Ze had toch geen … Ik bedoel dat … ik dacht dat … eh … ik weet het niet, maar …'
De twee agenten zeggen nog steeds niets.
Hij begrijpt het.
Zij hebben gewonnen.

LeespuntNL

Nederlands lezen voor anderstaligen

Eveneens verkrijgbaar in de serie *Hoogspanning*:

Retourtje Curaçao (niveau B1)
De moeder van Selma gaat dood bij een auto-ongeluk op Curaçao. Selma en haar man reizen naar Curaçao voor de begrafenis. Samen met Rik, de aan drugs verslaafde broer van Selma en zijn partner. Selma ergert zich vreselijk aan haar broer en is blij als ze weer op Schiphol staat. Denkt ze ...
ISBN 978 94 6030 3906

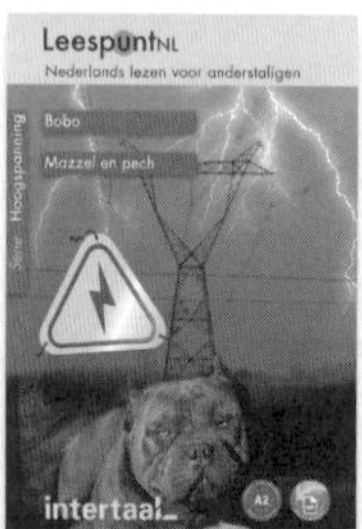

Bobo (niveau A2)
Rik ontmoet Astrid en krijgt een relatie met haar. Hij gaat niet alleen met Astrid samenwonen maar ook met haar grote, zwarte hond Bobo. Daar is hij niet blij mee.

Mazzel en pech (niveau A2)
Theo en Erol gaan 's nachts een warenhuis binnen en nemen sieraden mee. Theo heeft dorst en haalt een blikje cola uit de automaat in het warenhuis, met grote gevolgen ...
ISBN 978 94 6030 3920

Vader en zoon (niveau A2)
Gerard is leraar op een middelbare school. Jimmy is een van zijn leerlingen. Hij is een sterke jongen van 1.90 meter met tatoeages. Hij gedraagt zich niet goed in de klas en Gerard wil na schooltijd een gesprek met hem. Dan loopt alles uit de hand ...

Dik (niveau A2)
Luuk is getrouwd met Dianne maar hij vindt haar veel te dik. Eigenlijk wil hij niet meer met haar verder. Hij is een beetje verliefd op Ellen ...
ISBN 978 94 6030 3937

De leesboekjes van LeespuntNL zijn ook verkrijgbaar als Apps voor de iPad en als E-book.

LeespuntNL

Nederlands lezen voor anderstaligen

Eveneens verkrijgbaar is de serie *Amsteldijk*:

De Huwelijksreis (niveau A2)
Een Belgisch-Frans stel komt logeren in het studentenhuis op de Amsteldijk en beleeft Koninginnedag in Amsterdam.
ISBN 978 94 6030 1889

Een keurig meisje (niveau A2)
Peggy, een studente in Amsterdam, krijgt haar familie uit de Antillen op bezoek. Haar familie heeft een eigen mening over haar leventje in Nederland. Oma gaat zich met Peggy's leven bemoeien.
ISBN 978 94 6030 1896

De leesboekjes van LeespuntNL zijn ook verkrijgbaar als Apps voor de iPad en als E-book.